1er, 2me, 3me, 4me ET 5me

VŒUX POLITIQUES

soumis par

J. Grégoire MAROT

A Messieurs du Gouvernement, des Chambres, des Conseils Généraux et des Conseils d'Arrondissement.

(Août 1860).

A PARIS, A BORDEAUX ET A ANGOULÊME,

chez les principaux libraires.

1860.

1er VŒU POLITIQUE.

Moi, J. Grégoire Marot, citoyen français, obéissant à mon désir, mon devoir et mon intérêt de contribuer pour ma part au bien-être de ma patrie,

Considérant :

Qu'une nation n'est autre chose qu'une association entre un grand nombre d'individus;

Que cette association est régie par des lois d'autant meilleures que la répartition des charges et des bénéfices y est plus équitable;

Que si cette association a eu pour principe la volonté de tous, la répartition des charges et des bénéfices y peût être, y doit être de l'équité la plus parfaite;

Que si cette association, au contraire, a eu pour principe la violence exercée par une partie sur l'autre partie, la répartition des charges et des bénéfices y peut être, y est généralement inéquitable et tout à l'avantage de la partie oppresseur, et au détriment de la partie opprimée;

Que la société française, telle qu'elle existe de nos jours, doit être considérée possédant deux origines : la première, tout arbitraire, tout imposée par la violence d'une partie à l'autre partie, des Romains vainqueurs aux Gaulois vaincus, des Francs vainqueurs aux Romains et aux Gaulois vaincus; la seconde, toute de réaction violente, mais généreuse, imposée par les opprimés aux oppresseurs, mais sans intervertir les rôles, sans faire des oppresseurs d'hier les opprimés de demain;

Que cette réaction des opprimés, connue sous le nom de Révolution de 1789, ou de Grande Révolution française, a détruit une multitude d'abus monstrueux, mais en a laissé subsister quelques autres;

Que, du reste, quels que soient le génie et l'équité des plus grands législateurs, il leur est impossible de rendre subitement une société parfaite;

Qu'une telle société ne peut être que l'œuvre du temps, de l'expérience, de modifications constamment et sagement apportées, sans que, quel que soit le degré de perfection auquel elle soit arrivée, on puisse dire : Désormais, on ne la modifiera plus;

Qu'il est du devoir de tout homme qui sent qu'il n'a en lui ni haine ni engouement, soit pour les oppresseurs, soit pour les opprimés d'hier, mais seulement un désir charitable de les voir oublier, de plus en plus chaque jour, leur antique inimitié, les souffrances mutuelles qu'ils se sont procurées, et se fondre, chaque jour aussi davantage, en une seule famille; qu'il est du devoir de cet homme, dis-je, de travailler à détruire les obstacles qui peuvent les séparer encore;

Qu'il ne faut pas détruire les seuls obstacles qui sépareraient ceux que j'ai appelés opprimés et oppresseurs d'hier, mais tout obstacle pouvant empêcher une justice parfaite de régir la Société ;

Que si ce devoir incombe à tout particulier, il incombe surtout, sans qu'il puisse prétendre devoir le remplir seul, à tout gouvernement qui, comme le nôtre actuel, peut être considéré n'appartenant ni à l'un ni à l'autre des deux partis que j'ai nommés, mais avoir été choisi simultanément par l'un et l'autre ;

Que notre gouvernement actuel ne me semble pas prétendre remplir seul ce devoir, mais désirer que chacun s'en acquitte ;

Que l'homme qui travaille à améliorer la société dont il fait partie, n'accomplit pas seulement un devoir, mais aussi agit dans son intérêt, car il profite des améliorations, soit directement, par lui-même, soit indirectement, par ses enfants, parents amis ou descendants ;

Examinant ensuite quels sont les bénéfices et les charges de notre société française, et considérant alors :

Que les bénéfices sont, pour tout sociétaire : la protection que lui accorde l'État contre les ambitions et les violences des nations voisines et contre les avidités et les violences des autres sociétaires ; — sa part de jouissance dans tout établissement public, quel que soit le nom qu'on donne à cet établissement, qu'il soit appelé route, canal, port, hôpital, etc., etc. ;

Que, pour tout sociétaire, les charges peuvent être considérées renfermées dans ce seul mot : impôt ;

Que, subdivisant le sens général du mot *Impôt*, on trouve :

L'*Impôt en travail*, pour subvenir surtout aux besoins matériels de la société;

L'*Impôt en hommes*, pour défendre la société : à l'extérieur, contre l'ambition des nations voisines; à l'intérieur, contre les violences de certains sociétaires;

L'*Impôt en numéraire*, pour subvenir aux besoins matériels de l'armée et de certains travailleurs de la société, pour exécuter des travaux d'intérêt général, et édifier des établissements publics;

L'*Impôt de temps*, pour la gestion des affaires publiques, pour certaines parties de l'application de la Justice;

Qu'il y a différence dans le poids de ces divers impôts;

Que les plus lourds sont l'impôt en travail et l'impôt en hommes; les plus légers, l'impôt en numéraire et l'impôt de temps, et que ce dernier devient même, à tort, si léger, qu'on ne doit plus le considérer comme une charge;

Que si des circonstances tendaient à faire supporter les impôts les plus lourds ou les impôts les plus légers par une partie des sociétaires toujours la même, il serait du devoir des administrateurs de la société de chercher à empêcher l'injustice de ces circonstances, ou au moins à la compenser;

Qu'il en est malheureusement ainsi dans notre société française; que les impôts lourds y sont surtout supportés par une partie de la société à peu près toujours la même : car, s'il est vrai que plus on est riche, moins on travaille péniblement, l'impôt en travail est surtout supporté par les pauvres; — et, s'il est vrai aussi que plus on est riche, plus il est facile de s'affranchir du service militaire, l'impôt en hommes est surtout supporté par les pauvres ;

Que, s'il est juste de reconnaître que celui qui se dispense de payer l'impôt en travail est obligé, pour se nourrir, se vêtir, se loger, satisfaire en un mot à tous ses besoins ou à toutes ses fantaisies, de se départir d'une partie du numéraire dont il est possesseur, et se trouve supporter ainsi plus considérablement l'impôt en numéraire ; s'il est juste de reconnaître qu'il en est ainsi pour qui s'affranchit de l'impôt en hommes, — il est également juste de reconnaître que les quantités de numéraire exigées d'eux ne sont pas suffisantes pour indemniser équitablement les sociétaires chargés des impôts lourds, du surpoids qu'ils doivent à l'abstention de ceux-là ;

Que, par conséquent, il n'y a pas compensation ;

Que s'il y avait compensation, nous ne verrions pas un si grand nombre d'hommes, souvent sans travail considérable, souvent sans être doués d'une intelligence supérieure, souvent par le seul effet de circonstances heureuses, souvent par des moyens blâmables aux yeux de la justice, acquérir une telle quantité de numéraire que non-seulement ils se dispensent eux-mêmes, pendant une partie de leur existence, de supporter l'impôt en travail, mais encore qu'ils donnent à leurs descendants de plusieurs générations la possibilité de s'affranchir, et de l'impôt en travail, et de l'impôt en hommes ; — et par contre, nous ne verrions pas tant d'hommes parfaitement laborieux, convenablement intelligents, remarquablement économes, ne pouvoir jamais arriver à s'affranchir de l'un des deux impôts, et les enfants de ces hommes souvent travailler avec le même courage, avec la même intelligence, sans avoir de meilleurs résultats;

Que l'homme qui a acquis en peu de temps, ou qui tient de ses pères une fortune considérable, s'il reste oisif, non-seulement ne contribue pas suffisamment à porter les charges de la société, mais souvent se laisse aller à des habitudes, à des passions mauvaises qui viennent accroître les souffrances physiques ou morales des autres sociétaires;

Que l'homme oisif est à charge, non pas seulement à la société, mais encore à lui-même, et que rendre l'oisiveté difficile est faire chose avantageuse à la fois, et à la société, et aux individus portés à devenir oisifs;

Considérant ensuite :

Que, parmi les impôts qui sont des subdivisions de l'impôt en numéraire, si *l'impôt personnel* est bien entendu, si *les impôts mobilier, foncier, des portes et fenêtres* sont assez bien entendus aussi, *l'impôt des patentes* ne l'est point;

Que cet impôt frappe seulement les travailleurs, c'est-à-dire ceux qui supportent déjà l'impôt le plus lourd;

Que cet impôt, ainsi appliqué, est une double charge d'une choquante iniquité à l'égard d'une très-grande partie de la société française.

Après avoir mûrement pesé toutes ces considérations, convaincu que le vœu que je vais exprimer est de toute justice,

Exprime le vœu :

Que l'impôt des patentes soit étendu à tous les citoyens français;

Qu'ainsi qu'on l'a fait, prenant pour base de répartition, non pas la valeur des produits du travail, mais la fatigue, la peine occasionnées au travailleur, on élève le chiffre dû par le patentable d'autant plus que son travail sera moins pénible. Ainsi : plus le travail du patentable sera pénible, moins forte sera sa patente; moins pénible sera son travail, plus forte sera sa patente;

Que les citoyens français qui se dispensent de travailler aient à payer une patente qui tienne lieu de ce qu'ils ne produisent pas;

Que pour la fixation de la patente des citoyens non travailleurs, on prenne pour base, non pas la valeur du travail du sociétaire dont le travail a la moindre valeur, non pas la valeur du travail du sociétaire dont le travail a la plus grande valeur, mais une valeur moyenne, équitable, ni trop forte, parce qu'elle serait injuste à l'égard du patenté, ni trop petite, parce qu'elle serait injuste à l'égard de la société;

Qu'on apporte une grande sévérité dans la perception de la patente *des sociétaires non travailleurs,* parce que ces sociétaires chercheront, sans aucun doute, à éluder cette patente en se faisant passer pour *des sociétaires à professions libérales* ou *au travail peu pénible,* dont la patente sera de beaucoup moindre;

Qu'en conséquence, la société française soit à peu près ainsi classée, en allant par gradation équitable :

Sociétaires au travail très-pénible, dont la patente sera fort légère;

Sociétaires au travail moins pénible, dont la patente sera plus forte;

Sociétaires au travail peu pénible, dont la patente sera plus forte encore;

Sociétaires non travailleurs, dont la patente sera beaucoup plus forte;

Que si l'on croit devoir faire la remise de tout ou partie de sa patente *au sociétaire travailleur,* quand il aura atteint un âge où il sera présumé n'avoir plus les forces nécessaires pour travailler, il n'y ait pas lieu de le faire pour celui qui jusqu'à cet âge aura été *sociétaire non travailleur.*

2me VŒU POLITIQUE.

Moi, J. Grégoire Marot, citoyen francais, obéissant à mon désir, mon devoir et mon intérêt de contribuer, pour ma part, au bien-être de ma patrie;

En vertu de toutes les raisons qui viennent de déterminer mon premier vœu,

Considérant :

Que la femme ayant sa part dans les bénéfices de la société, il est juste qu'elle ait sa part dans les charges, mais une part basée sur les facultés de son sexe;

Que, de même que pour les hommes, il est juste que ces bénéfices et ces charges soient, autant que possible, équitablement répartis entre toutes les femmes;

Que, de même que chez les hommes les circonstances ont divisé les sociétaires femmes en sociétaires travailleurs et sociétaires non travailleurs, et que l'impôt en numéraire payé par les femmes non travailleurs ne peut pas être considéré compensant suffisamment les charges dont elles se dispensent, et qui viennent accroître les charges pesant déjà sur les femmes travailleurs;

Que, de même que l'homme oisif, la femme oisive se laisse aller à des habitudes, à des passions mauvaises qui augmentent les souffrances physiques ou morales des autres sociétaires,

Exprime le vœu :

Que toute femme française paie patente;

Que la patente de la femme soit à la patente de l'homme, dans les proportions du produit du travail de la femme au produit du travail de l'homme, c'est-à-dire que si des juges austères apprécient la valeur du travail de la femme *au tiers* ou *à la moitié* de la valeur du travail de l'homme, la patente de la femme soit *le tiers* ou *la moitié* de la patente de l'homme;

Que pour la répartition de la patente de la femme, on se base sur les mêmes principes que pour la répartition de la patente de l'homme : qu'ainsi, *les sociétaires femmes* soient classés :

Sociétaires au travail très-pénible, dont la patente sera fort légère;

Sociétaires au travail moins pénible, dont la patente sera plus forte;

Sociétaires au travail peu pénible, dont la patente sera plus forte encore;

Sociétaires non travailleurs, dont la patente sera beaucoup plus forte et basée sur la valeur moyenne du travail d'une femme travailleur;

Que, de même que pour l'homme sociétaire non travailleur, on apporte la plus grande sévérité dans la perception de la patente de la femme sociétaire non travailleur.

3me VŒU POLITIQUE.

Moi, J. Grégoire Marot, citoyen français, obéissant à mon désir, mon devoir et mon intérêt de contribuer, pour ma part, au bien-être de ma patrie;

En vertu des raisons qui viennent de déterminer mon premier et mon deuxième vœu;

Considérant :

Que quiconque emploie chez lui ou à sa personne des hommes ou des femmes dont le travail lui profite uniquement et nullement à la société, porte préjudice aux autres sociétaires, car ces hommes ou ces femmes prennent leur part des bénéfices sans contribuer suffisamment à porter les charges de la société, et, — quelque pénible que soit d'ailleurs leur travail, — ne font rien plus en effet pour elle que s'ils étaient sociétaires non travailleurs;

Qu'il est juste qu'il y ait compensation à ce préjudice,

Exprime le vœu :

Que quiconque emploiera chez lui ou à sa personne un ou des sociétaires, hommes ou femmes, dont le travail sera jugé n'être d'aucune utilité pour la société, paie, pour chacun d'eux, une patente égale par le chiffre : pour les hommes, à la patente de l'homme sociétaire non travailleur; pour les femmes, à la patente de la femme sociétaire non travailleur;

Selon le degré d'utilité qu'aura pour la société le travail des sociétaires employés par d'autres sociétaires, il y aura augmentation ou diminution dans le chiffre de la patente exigée pour eux de ces derniers; et, pour que toutes choses soient faites avec équité, on diminuera le chiffre de la patente exigée du maître, du chiffre de la patente payée personnellement par l'employé.

Les sociétaires employés par d'autres sociétaires seront donc classés ainsi :

Sociétaires employés, dont le travail *est convenablement profitable* à la Société, pour lesquels nulle patente ne sera exigée;

Sociétaires employés, dont le travail *n'est pas suffisamment profitable* à la Société, pour lesquels patente sera exigée;

Sociétaires employés, dont le travail *est peu profitable* à la société, pour lesquels patente plus forte sera exigée;

Sociétaires employés, dont le travail *n'est nullement profitable* à la Société, pour lesquels on exigera une patente de sociétaire non travailleur;

Les patentes exigées des maîtres pour les sociétaires employés au travail non suffisamment ou peu profitable, seront égales à la valeur du préjudice. On se basera, pour l'appréciation de ce préjudice, sur le même principe qui aura fait fixer la patente du sociétaire non travailleur;

Une équité sévère, tant à l'égard de la société qu'à l'égard des sociétaires, devra présider à la classification des sociétaires employés.

4me VŒU POLITIQUE.

Moi, J. Grégoire Marot, citoyen français, obéissant à mon désir, mon devoir et mon intérêt de contribuer, pour ma part, au bien-être de ma patrie;

Considérant :

Que si mes 1er, 2me et 3me Vœux se réalisent, l'impôt en numéraire *des patentes,* dont on aura frappé les sociétaires moins ou non travailleurs, aura été établi pour indemniser les sociétaires travailleurs de l'excès de travail qu'ils doivent à l'abstention de ceux-là;

Que les individus qui demandent à la charité publique de la nourriture ou des vêtements, sortent des rangs des sociétaires travailleurs, dont ils sont, ou les plus infortunés, ou les moins énergiques, ou les plus lâches;

Que la société doit dès-lors consoler les uns de leurs infortunes, relever le courage des autres, faire honte aux derniers de leur lâcheté, et donner à tous des secours qui les aident à subvenir convenablement à leurs besoins;

Que rien n'est plus triste à voir que des êtres humains amaigris par la privation ou couverts à peine de vêtements en lambeaux, dégoûtants de couleur et de saleté, alors qu'on peut avoir presque en même temps le spectacle de l'abondance et du luxe;

Que lorsqu'un peuple a des ressources aussi considérables qu'en a le peuple français, il est honteux pour lui qu'une partie des citoyens souffrent ou paraissent souffrir de misère ;

Considérant ensuite :

Que si mes 1er, 2me et 3me Vœux se réalisent, ainsi que je l'ai dit déjà, les revenus de l'État seront énormément accrus ;

Que l'emploi le plus équitable qu'on puisse faire de cet accroissement de revenus est évidemment de le consacrer, en majeure partie s'il ne peut l'être en totalité, à des œuvres puissamment philanthropiques,

Exprime le vœu :

Que la Société française s'organise promptement de façon à porter aux sociétaires dans le besoin des secours assez efficaces pour qu'elle puisse leur défendre de recourir à la mendicité ;

Qu'une partie de ces revenus nouveaux soit laissée aux communes, afin d'être employée à cet effet ;

Que l'autre partie soit consacrée, tant à venir en aide aux communes pauvres, où les revenus sont moindres quand les besoins sont plus nombreux, qu'à mettre en pratique tout moyen qui sera jugé devoir contribuer efficacement à faire disparaître quelque souffrance de la société.

5me VŒU POLITIQUE.

Moi, J. Grégoire Marot, citoyen français, obéissant à mon désir, mon devoir et mon intérêt de contribuer, pour ma part, au bien-être de ma patrie;

En vertu des raisons qui ont déterminé mon 1er Vœu;

Après avoir répété que, s'il est vrai que plus on est riche, plus il est facile de s'affranchir du service militaire, l'impôt en hommes est surtout supporté par les pauvres;

Considérant :

Que, s'il y avait lieu de faire supporter inégalement cet impôt aux divers membres de la société française, le sociétaire riche devrait être plus frappé que le sociétaire pauvre, parce qu'en effet c'est lui qui a le plus à perdre quand la force armée est insuffisante à protéger la propriété contre les violences des nations voisines, et le plus à gagner quand elle y peut suffire;

Que, cependant, toute juste que semblerait être cette dernière inégalité, il est préférable de ne pas l'établir;

Mais qu'alors, il conviendrait au moins de rendre l'impôt en hommes aussi lourd pour tous les sociétaires;

Que cela aura lieu si l'exonération du service militaire est pour tous à peu près aussi facile ou aussi difficile;

Que l'exonération sera pour tous les sociétaires à peu près aussi facile ou aussi difficile, si, tenant compte de ce que tous ne se trouvent jamais pourvus en même temps d'une égale somme de numéraire, on élève la quantité de numéraire demandée en échange de l'exonération, à proportion que le sociétaire devant être exonéré paraîtra en posséder davantage, et l'on abaisse cette quantité à proportion qu'il paraîtra en posséder moins;

Qu'il n'y aura dans cette mesure que justice et profit : justice, parce que c'est le sociétaire chargé surtout de l'impôt en travail, impôt lourd, qui jusqu'à présent a supporté surtout l'impôt en hommes, autre impôt lourd, et que désormais ce dernier impôt ne pèsera pas plus sur lui que sur celui qui supportera moins l'impôt en travail; — profit, parce que le sociétaire travailleur appelé à payer l'impôt en hommes cesse pendant plusieurs années de payer l'impôt en travail, et que le sociétaire non travailleur, affranchi de l'impôt en hommes, n'en paie pas davantage l'impôt en travail; tandis que le sociétaire travailleur, affranchi de l'impôt en hommes, continuera à payer l'impôt en travail, et qu'il se trouvera maint sociétaire non travailleur amené à payer l'impôt en hommes;

Après avoir mûrement pesé toutes ces considérations, convaincu que le vœu que je vais exprimer est de toute justice,

Exprime le vœu :

Que la somme de numéraire fixée pour l'exonération du service militaire ne soit pas uniforme pour tous les citoyens;

Qu'elle soit plus élevée à proportion que le citoyen devant être exonéré paraît posséder davantage de numéraire, ou qu'il exerce une profession plus fortement rétribuée;

Qu'elle soit moindre à proportion que le citoyen devant être exonéré paraît posséder moins de numéraire, ou qu'il exerce une profession plus faiblement rétribuée;

Ou plutôt, — puisque dans notre société actuelle le travail est d'autant moins payé qu'il est plus pénible, et d'autant plus qu'il l'est moins, — et pour opérer commodément, équitablement, sans investigations choquantes pour les citoyens, — que l'on prenne pour base le chiffre de la patente, qu'on multipliera uniformément pour tous par un même chiffre;

Que, par exemple, s'il est jugé convenable de prendre *dix* pour chiffre multiplicateur, la somme demandée pour l'exonération soit annuellement :

Pour le sociétaire au travail très-pénible, le produit de la patente de sociétaire au travail très-pénible multiplié par *dix;*

Pour le sociétaire au travail moins pénible, le produit de la patente de sociétaire au travail moins pénible multiplié par *dix;*

Pour le sociétaire au travail peu pénible, le produit de la patente de sociétaire au travail peu pénible multiplié par *dix;*

Pour le sociétaire non travailleur, le produit de la patente de sociétaire non travailleur multiplié par *dix;*

Que cette somme soit perçue annuellement pendant autant d'années que resteront sous les drapeaux les sociétaires qui paieront en personne l'impôt en hommes;

Que cette somme soit fixée chaque année d'après la patente payée cette même année par le sociétaire exonéré;

Que quiconque aurait payé l'exonération comme sociétaire travailleur, et deviendrait subitement, après le dernier paiement, sociétaire non travailleur, soit considéré comme ayant usé de ruse pour se faire classer à un chiffre moins fort, et ait à payer l'exonération de sociétaire non travailleur, déduction faite des sommes qu'il aura versées;

Que cette mesure soit applicable jusqu'à la dixième année après la dernière de l'exonération;

Que toutes mesures sévères, mais équitables, soient prises enfin pour empêcher la société d'être trompée par ceux des sociétaires qui chercheraient à se faire mettre dans une classe au chiffre inférieur, quand ils devraient figurer dans une classe au chiffre supérieur;

Que le produit des exonérations, qui sera fort considérable, soit affecté à toutes dépenses occasionnées par la force armée.

Angoulême, août 1860.

Bordeaux. — Imp. G. Gounouilhou, ancien hôtel de l'Archevêché
(entrée rue Guiraude, 11).

www.ingramcontent.com/pod-product-compliance
Lightning Source LLC
LaVergne TN
LVHW010253230826
846091LV00007B/2939

9782011753472